Las Mejores Recetas de
GUISADOS al HORNO

Publications International, Ltd.

En la portada se ilustra: Ravioles con Salsa Casera *(página 74)*.

En la contraportada se ilustran *(en el sentido de las manecillas del reloj, desde arriba):* Pollo a la Crema y Pasta con Espinaca *(página 40),* Enchiladas de Pollo *(página 32)* y Picante Guisado de Pavo *(página 34).*

Cocción en Horno de Microondas: La potencia de los hornos de microondas es variable. Utilice los tiempos de cocción como guía y revise qué tan cocido está el alimento antes de hornear por más tiempo.

Tiempos de Preparación/Cocción: Los tiempos de preparación están basados en la cantidad aproximada de tiempo que se requiere para elaborar la receta antes de cocer, hornear, enfriar o servir. Dichos tiempos incluyen los pasos de la preparación, como medir, picar y mezclar. Se tomó en cuenta el hecho de que algunas preparaciones y cocciones pueden realizarse simultáneamente. No se incluyen la preparación de los ingredientes opcionales ni las sugerencias para servir.

Las Mejores Recetas de
GUISADOS al HORNO

pag. 8

pag. 52

pag. 82

Delicias Mañaneras

Rebanadas de Huevo con Salchicha

4 huevos, batidos
$\frac{1}{3}$ de taza de leche
$\frac{1}{4}$ de taza de harina de trigo
$\frac{1}{2}$ cucharadita de polvo para hornear
$\frac{1}{8}$ de cucharadita de ajo en polvo
$2\frac{1}{2}$ tazas (285 g) de queso cheddar o mozzarella
$1\frac{1}{2}$ tazas de salchicha picada
1 taza de queso cottage cremoso con cebollín picado

Caliente el horno a 180 °C.

Mezcle bien los huevos, la leche, la harina, el polvo para hornear y el ajo en polvo en un recipiente mediano. Agregue 2 tazas de queso cheddar, la salchicha y el queso cottage. Vierta en un refractario redondo de 20 cm. Hornee, sin tapar, de 25 a 30 minutos o hasta que se dore y cuando, al insertar en el centro un cuchillo, éste salga limpio. Para servir, corte en 6 rebanadas. Espolvoree las rebanadas con el queso cheddar restante. *Rinde 6 porciones*

pág. 8

pág. 14

Rebanadas de Huevo con Salchicha

Frittata de Tocino de Pavo

1 paquete (360 g) de tocino (beicon) de pavo, cocido y picado
180 g de pasta pelo de ángel sin cocer, trozada
2 cucharaditas de aceite de oliva
1 cebolla pequeña rebanada
1 pimiento morrón rojo, en tiras
4 recipientes (de 120 g cada uno) de sustituto de huevo
1 recipiente (150 g) de queso ricotta
1 taza (120 g) de queso mozzarella rallado
1 taza (120 g) de queso suizo rallado
½ cucharadita de sal
½ cucharadita de pimienta negra
1 paquete (285 g) de espinaca, descongelada y exprimida

Cueza y escurra la pasta. Caliente el aceite en una sartén a fuego medio-alto. Fría la cebolla y el pimiento hasta suavizarlos. Mezcle el sustituto de huevo, los quesos, la sal, la pimienta y la pasta en un recipiente grande. Agregue las verduras, la espinaca y el tocino. Rocíe un molde para quiché con aceite; vierta la mezcla en el recipiente. Hornee a 180 °C por 30 minutos. Corte en rebanadas. Sirva con salsa picante, si lo desea.

Rinde 8 porciones

Soufflé de Jamón y Queso

3 tazas de agua
¾ de taza de sémola instantánea
½ cucharadita de sal
½ taza (60 g) de queso mozzarella rallado
60 g de jamón, finamente picado
2 cucharadas de cebollín picado
2 huevos
Salsa picante

1. Caliente el horno a 190 °C. Engrase un molde para soufflé de 1½ litros o un recipiente hondo.

2. Hierva el agua en una olla mediana. Agregue la sémola y la sal. Cueza, revolviendo a menudo, por unos 5 minutos o hasta que se espese. Agregue el queso, el jamón, el cebollín, las yemas de huevo y la salsa picante.

3. En un recipiente pequeño, bata las claras hasta que tengan una consistencia dura pero no seca. Incorpore a la mezcla de sémola. Vierta en el molde que preparó. Hornee por unos 30 minutos o hasta que se esponje y se dore. Sirva de inmediato.

Rinde de 4 a 6 porciones

Frittata de Tocino de Pavo

Strata de Huevo con Queso

450 g de pan francés,
  en rebanadas de
  1.5 o 2 cm, sin corteza
2 tazas (225 g) de queso
  cheddar bajo en grasa,
  rallado
2 huevos enteros
3 claras de huevo
1 litro de leche baja en grasa
1 cucharadita de mostaza seca
1 cucharadita de cebolla picada
½ cucharadita de sal
  Pimentón al gusto

1. Rocíe un refractario de 33×23 cm con aceite en aerosol. Coloque ahí la mitad del pan. Espolvoree el pan con 1¼ tazas de queso. Coloque encima el pan restante.

2. Bata los huevos y las claras en un recipiente grande. Agregue la leche, la mostaza, la cebolla y la sal. Vierta sobre el pan y el queso. Cubra con el queso restante y sazone con pimentón. Tape y refrigere durante 1 hora o por toda la noche.

3. Caliente el horno a 180 °C. Hornee por 45 minutos o hasta que el queso se derrita y el pan esté dorado. Deje reposar durante 5 minutos antes de servir. Adorne con pimiento rojo en forma de estrella y perejil italiano fresco, si lo desea.   *Rinde 8 porciones*

Soufflé de Salchichas

8 rebanadas de pan blanco
2 tazas (225 g) de queso
  cheddar rallado
450 g de salchichas cóctel
6 huevos
2¾ tazas de leche
¾ de cucharadita de
  mostaza seca

Extienda el pan en un molde de 33×23 cm engrasado. Espolvoree el queso encima del pan.

Acomode las salchichas sobre el queso. Bata los huevos con la leche y la mostaza en un recipiente grande. Vierta sobre la salchichas. Cubra el molde con papel de aluminio y refrigere por toda la noche.

Caliente el horno a 150 °C. Hornee la mezcla de huevo durante 1½ horas o hasta que se esponje y se dore.
    Rinde de 4 a 6 porciones

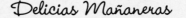
Chiles Rellenos al Horno

3 **huevos**
¾ **de taza de leche**
¾ **de taza de harina de trigo**
½ **cucharadita de sal**
1 **cucharadita de mantequilla o margarina**
½ **taza de cebolla picada**
8 **chiles enteros asados y pelados *o* 2 latas (de 210 g cada una) de chiles verdes enteros, escurridos**
225 **g de queso para fundir, en 8 tiras**

CONDIMENTOS

Crema agria
Cebollines rebanados
Aceitunas negras rebanadas
Guacamole
Salsa

Caliente el horno a 180 °C.

Coloque las yemas de huevo, la leche, la harina y la sal en el procesador de alimentos con las aspas de metal. Procese hasta uniformar. Vierta en un recipiente y deje reposar.

Derrita la mantequilla en una sartén pequeña a fuego medio. Agregue la cebolla; fríala hasta que se suavice.

Si utiliza chiles enlatados, séquelos con toallas de papel. Abra cada uno por la mitad con un cuchillo y deseche las semillas. Coloque 1 tira de queso y

1 cucharada de cebolla en cada chile. Cierre los chiles para cubrir el queso. Coloque los chiles de 2 en 2 en 4 refractarios de 1½ tazas de capacidad o en un refractario de 33×23 cm.

Bata las claras a punto de turrón y agregue a la mezcla de yemas. Divida la mezcla y viértala sobre los chiles de los moldes individuales (o vierta toda la mezcla en el refractario grande).

Hornee de 20 a 25 minutos o hasta que la parte superior se esponje y cuando, al insertar en el centro un cuchillo, éste salga limpio. Ase a 10 cm de la fuente de calor por 30 segundos o hasta que se doren. Sirva con los condimentos.

Rinde 4 porciones

Bocado

La receta original mexicana para los chiles rellenos se prepara con chiles poblanos rellenos de queso, capeados con huevo, que luego se fríen.

Espinacas Súper

225 g de tocino (beicon) rebanado
1 taza (225 g) de crema agria
3 huevos
2 cucharadas de harina de trigo
⅛ de cucharadita de pimienta negra
1 paquete (285 g) de espinaca descongelada y exprimida
½ taza (60 g) de queso cheddar rallado
½ taza de pan molido
1 cucharada de margarina o mantequilla, derretida

Caliente el horno a 180 °C. Rocíe un molde redondo de 2 litros de capacidad con aceite en aerosol.

Coloque el tocino en una capa en una sartén grande. Fría a fuego medio hasta que se dore. Retire de la sartén; escurra sobre toallas de papel. Desmorónelo.

Mezcle la crema, las yemas de huevo, la harina y la pimienta en un recipiente grande. Con la batidora eléctrica a velocidad alta, bata las claras en un recipiente mediano a punto de turrón. Agregue ¼ de las claras de huevo a la mezcla de crema. Incorpore las claras restantes.

Acomode la mitad de la espinaca en el molde que preparó. Corone con la mitad de la mezcla de crema. Esparza encima ¼ de taza de queso. Espolvoree el tocino. Repita las capas para terminar con el queso restante.

Revuelva el pan molido y la margarina en un recipiente pequeño; espolvoree de manera uniforme sobre el queso.

Hornee, sin tapar, de 30 a 35 minutos o hasta que la mezcla de huevo esté cocida. Deje reposar por 5 minutos antes de servir.

Rinde 6 porciones

Bocado

El agua extra de las espinacas descongeladas puede afectar el resultado del platillo. Para quitar el exceso de agua, colóquelas entre 2 toallas de papel y presiónelas hasta que se sequen.

Espinacas Súper

Pizza Amanecer

1 paquete (195 g) de base
para pizza
450 g de salchicha de cerdo
1 taza de tomate rojo picado
225 g de champiñones rebanados
1½ tazas (180 g) de queso
mozzarella rallado
1½ tazas (180 g) de queso
cheddar rallado
4 huevos
Sal y pimienta al gusto
Salsa (opcional)

Caliente el horno a 180 °C.
Prepare la base para pizza de
acuerdo con las instrucciones del
paquete. Coloque la base en un
molde engrasado de 33×23 cm;
asegúrese de que la pasta cubra
todo el fondo y unos 5 cm de los
lados del molde. Desmorone y
cueza la salchicha a fuego medio
en una sartén mediana, hasta
que se dore. Cubra la base
con la salchicha, los tomates,
los champiñones, 1 taza de
queso mozzarella y 1 taza de
queso cheddar. Hornee de 8 a
10 minutos o hasta que las orillas
se doren. Retire del horno. Bata los
huevos, la sal y la pimienta en un
recipiente pequeño. Vierta sobre la
pizza y regrese al horno. Hornee
de 7 a 9 minutos más o hasta que
los huevos estén cocidos. De
inmediato, espolvoree los quesos
restantes. Sirva caliente con salsa,
si lo desea. Refrigere el sobrante.

Rinde de 8 a 10 porciones

Strata de Jamón y Huevo

¼ de taza de mantequilla
2 tazas de champiñones
rebanados
1 cebolla mediana finamente
picada
2 tazas de jamón cocido picado
8 rebanadas de pan blanco,
en cubos
4 huevos
2½ tazas de leche
2 tazas (225 g) de queso
cheddar rallado
1 cucharada de mostaza
preparada
1 cucharadita de sal sazonada
Pizca de pimienta sazonada

En una sartén mediana, caliente
la mantequilla. Añada los
champiñones y la cebolla; fría a
fuego medio hasta que se suavicen.
Agregue el jamón. En un molde de
33×23×5 cm, coloque los cubos
de pan; acomode encima el jamón.
En un recipiente mediano, mezcle
los demás ingredientes. Vierta sobre
el pan; asegúrese de humedecerlo
por completo. Cubra; refrigere por
toda la noche. Hornee, sin tapar, a
160 °C, de 55 a 60 minutos. Sirva
de inmediato.

Rinde de 6 a 8 porciones

Pizza Amanecer

Horneado de Manzana con Pasas

1 manzana grande,
   descorazonada y
   finamente rebanada
$\frac{1}{3}$ de taza de uvas pasa doradas
2 cucharadas de azúcar morena
$\frac{1}{2}$ cucharadita de canela molida
4 huevos
$\frac{2}{3}$ de taza de leche
$\frac{2}{3}$ de taza de harina de trigo
2 cucharadas de mantequilla o
   margarina, derretida
Azúcar glass (opcional)

Caliente el horno a 180 °C. Rocíe un molde para pay de 23 cm con aceite en aerosol.

Mezcle las manzanas, las uvas pasa, el azúcar y la canela en un recipiente mediano. Transfiera al molde que preparó.

Hornee, sin tapar, de 10 a 15 minutos o hasta que la manzana empiece a suavizarse. Retire del horno. Aumente la temperatura del horno a 230 °C.

Mientras tanto, bata los huevos, la leche, la harina y la mantequilla en un recipiente mediano. Vierta la masa sobre la mezcla de manzana.

Hornee durante 15 minutos o hasta que el pan esté dorado. Invierta el molde sobre un platón. Espolvoree con azúcar glass, si lo desea.   *Rinde 6 porciones*

Escalopa de Huevo con Tocino

2 cucharadas de mantequilla
   o margarina
$\frac{1}{4}$ de taza de cebolla picada
2 cucharadas de harina de trigo
$1\frac{1}{2}$ tazas de leche
$\frac{1}{2}$ taza (60 g) de queso
   americano rallado
$\frac{1}{2}$ taza (60 g) de queso suizo
   rallado
6 huevos cocidos, rebanados
10 a 12 rebanadas de tocino
   (beicon), cocido y
   desmoronado
$1\frac{1}{2}$ tazas de cebollas para freír

Caliente el horno a 180 °C.

Derrita la mantequilla en una sartén mediana a fuego medio. Agregue la cebolla picada y saltéela hasta suavizarla. Añada la harina y bata hasta que se mezcle. Vierta la leche y siga batiendo hasta espesar. Agregue los quesos y bata hasta que se derritan. Coloque la $\frac{1}{2}$ de los huevos en un molde para hornear pequeño. Ponga la $\frac{1}{2}$ de la mezcla de queso sobre los huevos. Espolvoree $\frac{1}{2}$ del tocino y $\frac{1}{2}$ de las cebollas fritas. Repita las capas. Hornee, sin tapar, de 15 a 20 minutos o hasta que todo esté bien caliente.
    Rinde 6 porciones

Horneado de Manzana con Pasas

Hágalo con Carne

Chuletas de Cerdo con Relleno Horneado

6 chuletas de cerdo (de 2 cm de grosor), sin hueso (unos 675 g)
¼ de cucharadita de sal
⅛ de cucharadita de pimienta negra
1 cucharada de aceite vegetal
1 cebolla pequeña picada
2 tiras de apio picadas
2 manzanas peladas, descorazonadas y poco picadas (unas 2 tazas)
1 lata (420 ml) de consomé de pollo
1 lata (300 ml) de crema de apio condensada, sin diluir
¼ de taza de vino blanco seco
6 tazas de cubos para relleno de pavo a las hierbas

pág. 22

pág. 30

Caliente el horno a 190 °C. Rocíe un molde de 33×23 cm con aceite en aerosol.

Sazone ambos lados de la carne con sal y pimienta. Caliente el aceite en una sartén profunda a fuego medio-alto. Dore las chuletas por ambos lados; voltéelas una vez. Retírelas del fuego.

Agregue la cebolla y el apio a la misma sartén. Fría durante 3 minutos o hasta que la cebolla esté suave. Agregue las manzanas; cueza y revuelva por 1 minuto. Añada el consomé, la crema y el vino; mezcle bien. Deje hervir y

continúa en la página 20

Chuletas de Cerdo con Relleno Horneado

Pay Toscano

340 g de salchicha italiana
1 frasco (de 780 a 840 g) de salsa para espagueti con verduras o champiñones
1 lata (540 g) de alubias, enjuagadas y escurridas
½ cucharadita de tomillo seco
1½ tazas (180 g) de queso mozzarella rallado
1 paquete (225 g) de masa preparada para croissants

1. Caliente el horno a 220 °C. Retire la envoltura de la salchicha. Dore la salchicha en una sartén mediana que pueda meter al horno; desmorone la salchicha. Escurra la grasa.

2. Agregue la salsa para espagueti, las alubias y el tomillo a la sartén. Deje hervir, sin tapar, a fuego medio durante 5 minutos. Retire del fuego y añada el queso.

3. Desenrolle la masa y divídala en triángulos. Acomode los triángulos en forma de espiral con las esquinas hacia el centro, para cubrir la mezcla. Hornee durante 12 minutos o hasta que la pasta se haya dorado y la mezcla burbujee.

Rinde de 4 a 6 porciones

Tiempo de Preparación y Cocción: 27 minutos

Chuletas de Cerdo con Camote

4 chuletas de cerdo (de 1.5 cm de grosor)
2 cucharadas de aceite
2 latas (480 g) de camotes (batatas) o ñames, escurridos
¾ de taza de mermelada de naranja o de chabacano (albaricoque)
½ pimiento morrón verde grande, en tiras
2 cucharadas de cebolla picada

Dore las chuletas en aceite. Coloque el camote en un refractario de 1½ litros de capacidad. Agregue la mermelada, el pimiento y la cebolla. Coloque las chuletas sobre la mezcla de camote. Cubra y hornee a 180 °C, durante 30 minutos o hasta que las chuletas estén suaves.

Rinde 4 porciones

Bocado

Para quitar la envoltura de la salchicha, con un cuchillo pequeño y afilado, córtela por un extremo. Tenga cuidado de no cortar la salchicha. Sujete el extremo cortado y jale con cuidado la envoltura.

Pay Toscano

Pimientos Rellenos

**3 pimientos morrones, de
cualquier color, sin semillas
y cortados por la mitad**
1½ tazas de tomate rojo picado
**1 cucharada de cilantro fresco
picado**
**1 chile jalapeño,* sin semillas y
picado**
**1 diente de ajo finamente
picado**
½ cucharadita de orégano seco
**¼ de cucharadita de comino
molido**
**225 g de carne molida de res,
magra**
1 taza de arroz integral cocido
**¼ de taza de sustituto de huevo
o 2 claras de huevo**
**2 cucharadas de cebolla
finamente picada**
¼ de cucharadita de sal
**⅛ de cucharadita de pimienta
negra**

*Los chiles jalapeños pueden irritar la
piel; use guantes de hule cuando los
maneje y no se talle los ojos. Lávese
las manos después de trabajar con ellos.

1. Caliente el horno a 180 °C.

2. Coloque la base de la vaporera
en una olla grande. Agregue 2.5 cm
de agua; cuide que el agua no
toque la parte inferior de la base.
Ponga los pimientos en la base y
tape. Hierva; reduzca el fuego a
medio. Cueza los pimientos de 8 a
10 minutos o hasta que se
suavicen; si es necesario, agregue
agua. Escurra.

3. Mezcle los tomates, el cilantro,
los jalapeños, el ajo, ¼ de
cucharadita de orégano y el
comino en un recipiente pequeño.

4. Combine la carne, el arroz, el
sustituto de huevo, la cebolla, la
sal y la pimienta en un recipiente
grande. Agregue 1 taza de la
mezcla de tomate a la de carne.
Rellene de manera uniforme los
pimientos. Colóquelos en un
refractario de 33×23 cm. Cubra
bien con papel de aluminio.

5. Hornee durante 45 minutos o
hasta que la carne se dore y las
verduras estén suaves. Sirva con la
salsa de tomate restante, si lo
desea.   *Rinde 6 porciones*

Bocado

*Para mantener flexible
la piel de los pimientos
rellenos, unte la parte
externa con aceite antes
de hornearlos.*

Pimientos Rellenos

Pizza Pasta

1 cucharada de aceite vegetal
1 pimiento morrón verde picado
1 cebolla mediana picada
1 taza de champiñones rebanados
½ cucharadita de ajo en polvo con perejil *o* sal de ajo
¼ de taza de aceitunas rebanadas
1 paquete (45 g) de sazonador para pastas
1¾ tazas de agua
1 lata (180 g) de pasta de tomate
285 g de pluma de pasta, cocida y escurrida
90 g de pepperoni finamente rebanado
¾ de taza de queso mozzarella rallado

En una sartén grande, caliente el aceite; agregue el pimiento, la cebolla, los champiñones y el ajo en polvo con perejil. Cueza a fuego medio-alto. Agregue las aceitunas, el sazonador, el agua y la pasta de tomate; mezcle bien. Deje hervir; reduzca el fuego a bajo y deje hervir, sin tapar, durante 10 minutos. Añada la pasta y el pepperoni; revuelva. Vierta en un molde de 30×20×5 cm; incorpore el queso. Hornee a 180 °C por 15 minutos hasta que el queso se derrita.

Rinde 6 porciones

Pay del Cazador

2 cucharadas de aceite para ensalada
6 chuletas de cordero sin grasa, en trocitos
 Sal sazonada al gusto
 Pimienta sazonada al gusto
4 tazas de puré de papa (patata)
¼ de taza de mantequilla, derretida
¼ de cucharadita de pimienta blanca
1 paquete (60 g) de gravy para carne
1 taza de agua

En una sartén grande, caliente el aceite y agregue la carne, la sal y la pimienta; dórela. Escurra la grasa. En un recipiente mediano, mezcle bien el puré, la mantequilla y la pimienta. Engrase con mantequilla un refractario poco profundo y extienda ahí la mitad de la mezcla de papa. Agregue la carne. Distribuya el resto del puré. Hornee, sin cubrir, a 180 °C durante 45 minutos. Mientras tanto, en una sartén mediana, prepare el gravy con agua, de acuerdo con las instrucciones del paquete. Corte un círculo en la parte superior de la capa de puré y vierta más o menos la mitad del gravy dentro del pay. *Rinde 6 porciones*

Sugerencia para Servir: Coloque el resto del gravy en la mesa.

Sugerencia: Utilice 675 g de carne de cordero en cuadritos, o en albóndigas de carne molida, en lugar de las chuletas.

Guisado de Cordero y Cerdo

1 paquete (450 g) de frijoles (judías) amarillos
  Agua
225 g de tocino (beicon), en rebanadas
675 g de pierna de cordero, en cubos de 2.5 cm
4 chuletas grandes de cerdo
225 g de salchicha de cerdo
  Sal
  Pimienta
2 cebollas grandes picadas
1 lata (840 g) de tomates rojos, escurridos
½ taza de vino tinto seco
3 dientes de ajo finamente picados
¼ de taza de perejil fresco picado
1 cucharadita de tomillo seco molido
1 hoja de laurel

Coloque los frijoles en un recipiente grande. Cúbralos con agua fría; remójelos por toda la noche. Enjuáguelos y escúrralos. Colóquelos en una olla; cúbralos con agua fría. Ponga a hervir a fuego alto; quite la espuma conforme sea necesario. Reduzca el fuego a bajo. Tape y deje hervir durante 1 hora. Escurra los frijoles y reserve el líquido.

Dore el tocino en una sartén grande a fuego medio-alto hasta que suelte un poco de grasa. Retírelo. En tandas, dore el cordero, las chuletas y la salchicha en la grasa. Retire de la sartén; escurra sobre toallas de papel. Corte las chuletas y las salchichas en trozos de 2.5 cm.

Sazone la carne con sal y pimienta. Retire la grasa de la sartén, excepto 2 cucharadas. Agregue la cebolla y fríala a fuego medio-alto hasta que esté suave. Añada los tomates, el vino, el ajo, el perejil, el tomillo y la hoja de laurel. Revuelva la mezcla de tomate, los frijoles y las carnes en un recipiente grande. Coloque en un refractario grande. Vierta el líquido de los frijoles que reservó sobre la mezcla, justo hasta cubrirla. Hornee a 180 °C más o menos por 1½ horas o hasta que la carne se sienta suave al tocarla con un tenedor. Retire la hoja de laurel antes de servir.

Rinde de 6 a 8 porciones

Guiso Sureño de Res

- ¼ de taza de harina de trigo
- 1 cucharadita de sal sazonada
- ¼ de cucharadita de pimienta negra molida
- 1 kg de carne de res para cocido, en trocitos
- 2 cucharadas de aceite vegetal
- 1 cebolla grande, en gajos
- 2 dientes de ajo grandes finamente picados
- 1¾ tazas (1 lata de 420 g) de tomates cocidos, sin escurrir
- 1¾ tazas (1 frasco de 450 g) de salsa picante
- 1 taza de consomé de pollo
- 1 cucharada de orégano molido
- 1 cucharadita de comino molido
- ½ cucharadita de sal
- 3 zanahorias grandes, peladas y en rebanadas de 2.5 cm
- 1¾ tazas (435 g) de garbanzos, escurridos
- 1 taza (225 g) de elotes baby, escurridos y partidos por la mitad

MEZCLE la harina, la sal y la pimienta en un recipiente mediano o en una bolsa grande de plástico. Agregue la carne; agite para cubrirla bien.

CALIENTE el aceite en una sartén grande a fuego medio-alto. Ponga la carne, la cebolla y el ajo. Fría de 5 a 6 minutos o hasta que la carne se dore y la cebolla esté suave. Añada los tomates con su líquido, la salsa, el consomé, el orégano, el comino y la sal. Deje hervir; tape. Reduzca el fuego a bajo; cueza durante 45 minutos, revolviendo ocasionalmente, o hasta que la carne esté cocida.

AGREGUE las zanahorias, los garbanzos y el elote. Aumente el fuego a medio-bajo. Cueza, revolviendo ocasionalmente, de 30 a 40 minutos o hasta que se cueza la zanahoria.

Rinde 8 porciones

Bocado

El garbanzo es una leguminosa de color amarillo pálido, más o menos redonda, con una superficie irregular. Se utiliza en muchos platillos del Mediterráneo, del Medio Oriente y de la India.

Guiso Sureño de Res

Pay de Carne con Bisquets

675 g de bola de res, cocida y en
    cubos de 2.5 cm
1 paquete (250 g) de zanahorias
    baby congeladas
1 paquete (250 g) de chícharos
    (guisantes) y cebollitas
    miniatura congeladas
1 papa (patata) grande, cocida
    y en trozos de 1.5 cm
1 frasco (510 g) de gravy
    oscuro casero
½ cucharadita de tomillo seco
½ cucharadita de pimienta negra
1 lata (285 g) de bisquets
    refrigerados

Caliente el horno a 190 °C. Rocíe
un refractario de 2 litros con aceite
en aerosol.

Mezcle la carne, las verduras y la
papa en el refractario. Incorpore el
gravy, el tomillo y la pimienta.

Hornee, sin cubrir, durante
40 minutos. Retire del horno.
Aumente la temperatura a 200 °C.
Cubra con los bisquets y hornee de
8 a 10 minutos o hasta que se
doren los bisquets.

Rinde 6 porciones

Nota: Este platillo puede prepararse
con sobras de cualquier tipo. La
carne se puede sustituir por roast
beef, carne para cocido, cerdo,
cordero o pollo. Ajuste el sabor del
gravy para complementar la carne.

Rápido Guisado de Res y Col

1 cabeza pequeña de col (unos
    675 g), descorazonada y
    en 6 gajos
1 lata (360 g) de cecina de res,
    rebanada
1 lata (400 g) de zanahorias
    rebanadas, escurridas
1 lata (450 g) de papas (patatas)
    rebanadas, escurridas
1⅓ tazas de cebollas para freír
1 lata (300 ml) de crema
    condensada de apio
¾ de taza de agua

Caliente el horno a 190 °C.
Acomode la col y la carne de
manera alternada en el centro de
un refractario de 33×23 cm.
Coloque las zanahorias, las papas
y ⅔ *de taza* de las cebollas
alrededor del refractario. En un
recipiente pequeño, mezcle la
crema y el agua; vierta sobre la
carne y las verduras. Hornee,
cubierto, a 190 °C durante
40 minutos o hasta que la col se
suavice. Corone con la cebolla
frita restante y hornee, sin cubrir,
por 3 minutos o hasta que las
cebollas se hayan dorado.

Rinde de 4 a 6 porciones

Pay de Carne con Bisquets

Fáciles con Aves

Enchiladas de Pollo

2 tazas de pollo o pavo, cocido
    y picado
1 taza de pimiento morrón
    verde picado
1 paquete (225 g) de queso
    crema, en cubos
1 frasco (225 g) de salsa
8 tortillas de harina (de 15 cm)
340 g de queso amarillo
¼ de taza de leche

pág. 36

REVUELVA el pollo, el pimiento, el queso crema y ½ taza de salsa en una olla a fuego bajo hasta que el queso se derrita.

SIRVA ⅓ de taza de la mezcla de pollo en el centro de cada tortilla; enróllela. Colóquela, con la abertura hacia abajo, en una charola para hornear de 30×20 cm.

MEZCLE el queso amarillo y la leche en una olla, a fuego bajo, hasta obtener una consistencia cremosa. Vierta la salsa sobre las tortillas; cubra con papel de aluminio.

HORNEE a 180 °C durante 20 minutos o hasta que se caliente bien. Vierta el resto de la salsa sobre las tortillas.

Rinde de 4 a 6 porciones

Tiempo de Preparación: 20 minutos
Tiempo de Horneado: 20 minutos

pág. 46

Enchiladas de Pollo

Picante Guisado de Pavo

1 cucharada de aceite de oliva
450 g de pechuga de pavo, en trozos de 1.5 cm
2 piezas de salchichas de pavo, en rebanadas de 1.5 cm
1 taza de pimiento morrón verde picado
½ taza de champiñones rebanados
½ taza de cebolla picada
1 chile jalapeño,* sin semillas y picado (opcional)
½ taza de consomé de pollo, sin grasa y poca sal, o agua
1 lata (400 g) de tomates rojos picados, con poca sal, sin escurrir
1 cucharadita de sazonador italiano
½ cucharadita de pimentón
¼ de cucharadita de pimienta negra
1 taza de fideos de huevo, sin yema, cocidos
6 cucharadas de queso parmesano rallado
2 cucharadas de pan molido

*Los chiles jalapeños pueden irritar la piel; use guantes de hule cuando los maneje y no se talle los ojos. Lávese las manos después de trabajar con ellos.

1. Caliente el horno a 180 °C. Caliente el aceite en una sartén antiadherente grande. Agregue el pavo y las salchichas. Fría a fuego medio durante 2 minutos. Añada los pimientos, los champiñones, la cebolla y los jalapeños, si lo desea. Cueza durante 5 minutos. Vierta el consomé; caliente por 1 minuto; deshaga los grumos que se pudieran formar. Incorpore los tomates con su líquido, los sazonadores y los fideos.

2. Sirva la mezcla de pavo en un molde redondo de 20 cm. Espolvoree el queso y el pan molido. Hornee de 15 a 20 minutos o hasta que la mezcla esté caliente y el pan molido se dore.

Rinde 6 porciones (de 1 taza)

Pollo Bayou

4 a 6 pechugas de pollo, deshuesadas y sin piel
1½ a 2 cucharaditas de sazonador criollo o Cajún
½ taza de cebolla picada
1 taza de arroz de grano largo sin cocer
1 paquete (450 g) de alubias de ojo congeladas
2 latas (420 g) de tomates rojos estilo Cajún
2 cucharadas de perejil fresco picado

Caliente el horno a 180 °C. Engrase ligeramente un molde de 33×23 cm. Espolvoree el pollo con el sazonador y acomódelo en el molde. En un recipiente grande, mezcle la cebolla, el arroz, las alubias y los tomates. Vierta sobre el pollo. Cubra y hornee durante 45 minutos. Destape y hornee por 15 minutos más, o hasta que el pollo esté cocido. Espolvoree con el perejil antes de servir.

Rinde de 4 a 6 porciones

Picante Guisado de Pavo

Pollo Marsala

4 tazas (180 g) de tallarines
anchos sin cocer
½ taza de pan molido estilo
italiano
1 cucharadita de albahaca seca
1 huevo
1 cucharadita de agua
4 mitades de pechuga de pollo,
deshuesadas y sin piel
3 cucharadas de aceite de oliva
¾ de taza de cebolla picada
225 g de champiñones cremini o
botón, rebanados
3 dientes de ajo picados
3 cucharadas de harina de trigo
420 ml de consomé de pollo
½ taza de vino marsala seco
¾ de cucharadita de sal
¼ de cucharadita de pimienta
negra
Perejil fresco picado
(opcional)

Caliente el horno a 190 °C. Rocíe
un molde de 28×18 cm con aceite
en aerosol.

Cueza la pasta al dente, de acuerdo
con las instrucciones del paquete.
Escúrrala y colóquela en el molde.

Mientras tanto, revuelva el pan
molido y la albahaca en un platón
poco profundo o en un molde para
pay. Bata los huevos con agua en
otro platón poco profundo. Sumerja
el pollo en la mezcla de huevo;
quite el exceso. Empanice con el
pan molido.

Caliente 2 cucharadas de aceite
en una sartén grande a fuego
medio-alto. Fría el pollo durante
3 minutos por lado o hasta que se
dore. Transfiera a un plato limpio.

Caliente el aceite restante en la
misma sartén a fuego medio.
Agregue la cebolla y fría durante
5 minutos. Añada los champiñones
y el ajo. Cueza por 3 minutos.
Espolvoree la mezcla de cebolla
con harina; fría y revuelva durante
1 minuto. Incorpore el consomé,
el vino, la sal y la pimienta. Ponga
a hervir a fuego alto. Fría por
5 minutos o hasta que la salsa se
espese.

Reserve ½ taza de salsa. Vierta la
salsa restante sobre la pasta cocida;
revuelva. Coloque el pollo encima
de la pasta. Vierta sobre el pollo la
salsa que reservó.

Hornee, sin cubrir, por unos
20 minutos o hasta que el pollo
pierda su color rosado en el centro
y la salsa burbujee. Espolvoree con
el perejil, si lo desea.

Rinde 4 porciones

Pollo Marsala

Pollo y Bisquets

¼ **de taza de mantequilla o margarina**

4 **mitades de pechuga de pollo, deshuesadas y sin piel (unos 565 g), en trozos de 1.5 cm**

½ **taza de cebolla picada**

½ **cucharadita de tomillo seco**

½ **cucharadita de pimentón**

¼ **de cucharadita de pimienta negra**

400 **ml de consomé de pollo**

⅓ **de taza de harina de trigo**

1 **paquete (285 g) de chícharos (guisantes) y zanahorias congelados**

1 **lata (360 g) de bisquets refrigerados**

Caliente el horno a 190 °C. Derrita la mantequilla en una sartén grande a fuego medio. Agregue el pollo, la cebolla, el tomillo, el pimentón y la pimienta. Cueza durante 5 minutos o hasta que el pollo se dore.

Mezcle ¼ de taza de consomé de pollo con la harina; revuelva hasta uniformar.

Agregue el consomé restante a la sartén y ponga a hervir. Poco a poco, añada la mezcla de harina; revuelva constantemente para evitar que se formen grumos. Hierva durante 5 minutos. Incorpore los chícharos y las zanahorias; hierva por 2 minutos más.

Transfiera a un refractario de 1½ litros de capacidad; coloque encima los bisquets. Hornee de 25 a 30 minutos o hasta que los bisquets se doren.

Rinde de 4 a 6 porciones

Fettuccine con Pollo

360 **g de fettuccine sin cocer**

1 **taza de aderezo estilo Ranch**

⅓ **de taza de mostaza Dijon**

8 **mitades de pechuga de pollo, deshuesadas y sin piel, aplanadas**

½ **taza de mantequilla**

⅓ **de taza de vino blanco seco**

Cueza el fettuccine de acuerdo con las instrucciones del paquete; escúrralo. Caliente el horno a 220 °C. Mezcle el aderezo con la mostaza. Vierta el fettuccine en un molde engrasado con aceite. En una sartén grande, saltee el pollo con la mantequilla hasta que el pollo pierda su color rosado en el centro. Coloque el pollo cocido sobre la cama de fetuccine. Vierta el vino en la sartén. Caliente hasta obtener la consistencia deseada. Rocíe sobre el pollo. Vierta la mezcla de aderezo sobre el pollo. Hornee a 220 °C por unos 10 minutos, o hasta que el aderezo forme una capa dorada.

Rinde 8 porciones

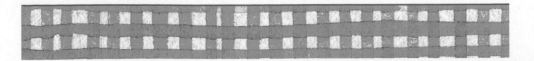

Pollo y Bisquets

Pollo a la Crema y Pasta con Espinaca

180 g de pasta sin cocer
1 cucharada de aceite de oliva
¼ de taza de cebolla picada
¼ de taza de pimiento morrón rojo picado
1 paquete (285 g) de espinaca descongelada y escurrida
2 mitades de pechuga de pollo, deshuesadas y sin piel (340 g), cocidas y en trozos de 2.5 cm
1 lata (120 g) de champiñones rebanados, escurridos
2 tazas (225 g) de queso suizo, rallado
1 frasco (225 g) de crema agria
¾ de taza de crema y leche a partes iguales
2 huevos, ligeramente batidos
½ cucharadita de sal
Cebolla morada y espinaca fresca para adornar

Caliente el horno a 180 °C. Cueza la pasta de acuerdo con las instrucciones del paquete.

Caliente el aceite en una sartén grande a fuego medio-alto. Agregue la cebolla y el pimiento. Fría durante 2 minutos o hasta que la cebolla esté suave. Añada la espinaca, el pollo, los champiñones y la pasta cocida; revuelva bien.

Combine el queso, la crema agria, la crema con leche, los huevos y la sal en un recipiente mediano.

Incorpore la mezcla de queso a la de pollo; revuelva. Ponga en un molde de 33×23 cm, engrasado con aceite en aerosol. Cubra y hornee de 30 a 35 minutos o hasta que esté bien caliente. Adorne con cebolla morada y espinaca fresca, si lo desea.   *Rinde 8 porciones*

Pollo Horneado con Arroz

3 tazas de arroz integral cocido
1 paquete (285 g) de chícharos (guisantes) congelados
2 tazas de pechuga de pollo, cocida y picada
½ taza de mayonesa sin colesterol
⅓ de taza de almendras tostadas y rebanadas (opcional)
2 cucharaditas de salsa de soya
¼ de cucharadita de pimienta negra molida
¼ de cucharadita de ajo en polvo
¼ de cucharadita de estragón seco
Aceite en aerosol

Rocíe un refractario de 3 litros de capacidad con aceite en aerosol. Mezcle el arroz, los chícharos, el pollo, la mayonesa, las almendras, la salsa de soya y los sazonadores en un recipiente grande. Coloque en el molde que preparó y cubra. Hornee a 180 °C de 15 a 20 minutos o hasta que esté bien caliente.   *Rinde 6 porciones*

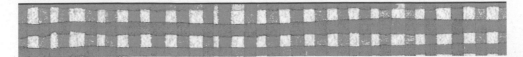

Manicotti de Pavo

450 g de salchicha italiana de
    pavo
115 g de champiñones frescos,
    picados
  ½ taza de cebolla picada
  1 diente de ajo picado
1½ tazas de queso ricotta bajo
    en grasa
  1 taza (120 g) de queso
    mozzarella, rallado
  1 huevo, batido
  1 paquete (285 g) de espinacas
    descongeladas picadas y
    bien escurridas
  1 paquete (225 g) de pasta
    manicotti, cocida según las
    instrucciones del paquete,
    escurrida
    Aceite en aerosol
  ¼ de taza de harina
  ⅛ de cucharadita de pimienta
  1 lata (435 g) de leche
    evaporada descremada
  ½ taza de consomé de pollo
    con poca sal
  ½ taza más 2 cucharadas de
    queso parmesano

1. En una sartén antiadherente grande, a fuego medio, saltee la salchicha, los champiñones, la cebolla y el ajo, de 5 a 6 minutos o hasta que la salchicha pierda su color rosado. Retire la sartén del fuego y escurra.

2. En un recipiente grande, mezcle el queso ricotta, el mozzarella y el huevo. Revuelva con la mezcla de salchicha y la espinaca.

3. Abra cada manicotti a lo largo; esto facilitará el rellenado. Con cuidado, sirva ⅓ de taza del relleno de salchicha en el centro de cada manicotti. Enrolle la pasta para envolver el relleno. Acomode el manicotti, con la abertura hacia abajo, en una charola de 28×35 cm, ligeramente engrasada con aceite en aerosol.

4. En una sartén mediana, revuelva la harina y la pimienta. Con un batidor manual, bata lentamente la leche, el consomé de pollo, la harina y la pimienta. A fuego medio, caliente la salsa hasta que hierva y se espese; revuelva a menudo. Retire la sartén del fuego y agregue ½ taza de queso parmesano. Vierta la salsa sobre la pasta rellena; espolvoree el queso parmesano restante.

5. Cubra el molde con papel de aluminio. Hornee a 180 °C de 20 a 25 minutos o hasta que la mezcla esté caliente.

Rinde 8 porciones

Quiché de Espinaca

- **1 poro (puerro) mediano**
- **¼ de taza de mantequilla o margarina**
- **2 tazas de pollo cocido, finamente picado**
- **½ paquete (285 g) de espinaca o brócoli picado, descongelado, cocido y escurrido**
- **1 base para pay sin hornear (de 25 cm de diámetro)**
- **1 cucharada de harina de trigo**
- **1½ tazas (180 g) de queso suizo rallado**
- **1½ tazas de crema y leche a partes iguales**
- **4 huevos**
- **2 cucharadas de brandy**
- **½ cucharadita de sal**
- **¼ de cucharadita de pimienta negra**
- **¼ de cucharadita de nuez moscada molida**

Caliente el horno a 190 °C. Corte el poro por la mitad a lo largo; lávelo y recórtelo, dejando intactos de 5 a 7.5 cm de la parte superior. Rebánelo horizontalmente. Colóquelo en una olla pequeña; agregue suficiente agua para cubrirlo. Ponga a hervir a fuego alto; reduzca el fuego y deje hervir durante 5 minutos. Escúrralo.

Derrita la mantequilla en una sartén grande a fuego medio. Agregue el pollo y cuézalo hasta que se dore, por unos 5 minutos. Añada la espinaca y el poro a la mezcla de pollo; cueza de 1 a 2 minutos. Retire del fuego.

Sirva la mezcla de pollo en la base para pay. Espolvoree encima la harina y el queso. Revuelva la crema con leche, los huevos, el brandy, la sal, la pimienta y la nuez moscada en un recipiente mediano. Vierta la mezcla de huevo sobre el queso.

Hornee de 35 a 40 minutos o hasta que, al insertar en el centro un cuchillo, éste salga limpio. Deje reposar por 5 minutos antes de servir. Sirva caliente o frío.

Rinde 6 porciones

Bocado

Un poro parece un chalote grande. Tiene hojas largas y planas, de color verde oscuro en la parte superior, y una base tubular blanca. Su raíz es bulbosa, similar a la de un chalote.

Quiché de Espinaca

Guisado de Brócoli con Queso

3 pechugas de pollo,
    deshuesadas y partidas por
    la mitad

675 g de brócoli fresco

2 cucharadas de margarina

½ taza de cebolla picada

1 diente de ajo picado

3 cucharadas de harina de trigo

1¼ tazas de leche descremada

2 cucharadas de perejil fresco

½ cucharadita de sal

½ cucharadita de orégano
    machacado

1½ tazas de queso cottage bajo
    en grasa

1½ tazas de queso cheddar bajo
    en grasa

¼ de taza de queso romano
    rallado

1 lata (135 g) de champiñones
    rebanados, escurridos

180 g de pasta, cocida y
    escurrida

**INSTRUCCIONES PARA
MICROONDAS**

Acomode el pollo en un refractario para microondas. Hornee a potencia ALTA (100%) durante 7 minutos. Deje enfriar un poco y corte en cubos. Retire los floretes de brócoli y corte los más grandes por la mitad. Corte los tallos en trozos de 2.5 cm. Ponga el brócoli en un refractario de 3 litros de capacidad con ½ taza de agua. Cubra y hornee a potencia ALTA (100%) durante 7 minutos; revuelva una vez. Deje reposar, tapado, por 2 minutos. Escurra bien.

Coloque la margarina, la cebolla y el ajo en el mismo refractario. Cubra y hornee a potencia ALTA (100%) durante 3 minutos. Agregue la harina. Vierta poco a poco la leche. Añada el perejil, la sal y el orégano. Hornee a potencia ALTA (100%) por 1 minuto. Revuelva y hornee 1 minuto. Incorpore el queso cottage. Hornee a potencia ALTA (100%) por 2 minutos. Revuelva; hornee durante 2 minutos. Agregue el queso cheddar y el romano; mezcle bien. Hornee a potencia MEDIA-ALTA (70%) durante 2 minutos. Agregue el pollo, el brócoli, los champiñones y la pasta. Cubra y hornee a potencia MEDIA (50%) durante 5 minutos o hasta que esté caliente.

Rinde de 6 a 8 porciones

Pavo Tetrazzini

225 g de pechuga de pavo asada,
  en rebanadas de 1.5 cm y
  en cubos
225 g de espagueti sin cocer,
  trozado
  ¼ de taza de mantequilla o
  margarina
  ¼ de taza de harina
420 ml de consomé de pollo, sin
  grasa y poca sal
  2¾ tazas de leche
  ½ cucharadita de sal
  ¼ de cucharadita de pimienta
  blanca molida
225 g de champiñones frescos,
  rebanados
  ¼ de taza de queso parmesano
  rallado
  ½ taza de croutones
  desmoronados

Cueza y escurra el espagueti.
Derrita la mantequilla en una sartén
grande a fuego medio. Agregue la
harina y bata. Incorpore el
consomé de pollo, la leche, la sal y
la pimienta. Caliente, revolviendo
constantemente, hasta que se
espese. Añada el pavo, los
champiñones, el queso parmesano
y el espagueti a la sartén. Rocíe un
molde de 33×23 cm con aceite en
aerosol. Ponga la mezcla de pavo
en el molde. Agregue los croutones
desmoronados. Hornee de 30 a
40 minutos a 180 °C.

Rinde 8 porciones

Tiempo de Preparación: 15 minutos
más el tiempo de horneado

Chilaquiles

1 lata (300 ml) de crema de
  pollo condensada
  ½ taza de salsa verde con chile
1 lata (120 g) de chiles verdes
  picados, sin escurrir
8 tazas de totopos
2 a 3 tazas de pavo o pollo,
  cocido y deshebrado
2 tazas (225 g) de queso
  cheddar rallado
  Aceitunas negras sin hueso
  rebanadas para adornar
  Ramitas de cilantro para
  adornar

Caliente el horno a 180 °C. Mezcle
la crema y la salsa en un recipiente
mediano. Agregue los chiles.
Coloque ⅓ de los totopos en un
refractario de 2 a 2½ litros de
capacidad. Corone con ⅓ del pavo.
Distribuya ⅓ de la mezcla de
crema sobre el pavo. Espolvoree
⅓ del queso. Repita las capas.
Hornee, sin tapar, durante
15 minutos o hasta que el guisado
se haya calentado bien y el queso
esté derretido. Adorne con
aceitunas y cilantro.

Rinde 6 porciones

Pay de Pavo con Verduras

400 ml de consomé de pollo
1 cebolla mediana picada
565 g de filetes de pavo, en
    trozos de 2 cm
3 tazas de papas rojas picadas
1 cucharadita de romero fresco
    picado *o* ½ cucharadita de
    romero seco
¼ de cucharadita de sal
⅛ de cucharadita de pimienta
    negra
1 bolsa (450 g) de verduras
    mixtas congeladas
1 bolsa (285 g) de verduras
    mixtas congeladas
⅓ de taza de leche baja en
    grasa, más la necesaria
3 cucharadas de fécula de maíz
1 paquete (225 g) de masa
    para croissants refrigerada

1. Ponga a hervir el consomé en una olla grande. Añada la cebolla; reduzca el fuego y deje hervir durante 3 minutos. Agregue el pavo; vuelva a hervir. Reduzca el fuego; tape y deje hervir de 7 a 9 minutos o hasta que el pavo pierda su color rosado. Retire el pavo de la olla con una cuchara ranurada y colóquelo en un molde de 33×23 cm.

2. Vuelva a hervir el consomé. Incorpore las papas, el romero, la sal y la pimienta; deje hervir durante 2 minutos. Vuelva a hervir y agregue las verduras mixtas. Tape y hierva de 7 a 8 minutos o hasta que las papas estén suaves. Retire las verduras con una cuchara ranurada. Escúrralas en un colador; reserve el caldo. Transfiera las verduras al molde con el pavo.

3. Caliente el horno a 190 °C. Mezcle ⅓ de taza de leche con la fécula en un recipiente pequeño hasta uniformar. Vierta suficiente leche al caldo que reservó, de modo que obtenga 3 tazas. Caliente en una olla grande a fuego medio-alto. Agregue la mezcla de fécula, revolviendo constantemente, hasta que hierva. Deje hervir por 1 minuto y retire del fuego. Vierta sobre la mezcla de verduras y pavo.

4. Desenrolle la masa y sepárela. Acomode las piezas de masa de manera decorativa sobre la mezcla de verduras y pavo. Hornee de 13 a 15 minutos o hasta que la masa se haya dorado.

Rinde 8 porciones

Pay de Pavo con Verduras

Platillos del Mar

pág. 52

pág. 60

Pay Primavera de Camarón

- 1 lata (300 ml) de crema condensada de camarón, sin diluir
- 1 paquete (360 g) de camarón mediano congelado, pelado y sin cocer
- 2 paquetes (de 450 g cada uno) de verduras mixtas, como ejotes, papas, cebolla y pimientos rojos, descongelados y escurridos
- 1 cucharadita de eneldo seco
- ¼ de cucharadita de sal
- ¼ de cucharadita de pimienta negra
- 1 paquete (315 g) de masa refrigerada para palitos de pan

1. Caliente el horno a 200 °C. Caliente la crema en una sartén mediana para horno, a fuego medio-alto, por 1 minuto. Agregue los camarones; cueza durante 3 minutos o hasta que empiecen a descongelarse. Añada las verduras, el eneldo, la sal y la pimienta; revuelva bien. Reduzca el fuego a medio-bajo y cueza por 3 minutos.

2. Desenvuelva la masa y sepárela en 8 tiras. Tuerza las tiras y córtelas del tamaño de la sartén. Acomódelas de manera atractiva sobre la mezcla de camarón. Presione las orillas sobre la sartén. Hornee durante 18 minutos o hasta que el pan se haya dorado y la mezcla de camarón burbujee.

Rinde de 4 a 6 porciones

Pay Primavera de Camarón

Jambalaya

1 cucharadita de aceite vegetal
225 g de jamón ahumado, en cubos
225 g de salchicha ahumada, en rebanadas de 0.6 cm
1 cebolla grande picada
1 pimiento morrón verde grande, picado (unas 1½ tazas)
3 tallos de apio picados (más o menos 1 taza)
3 dientes de ajo picados
1 lata (840 g) de tomates picados, sin escurrir
290 ml de consomé de pollo
1 taza de arroz sin cocer
1 cucharada de salsa inglesa
1 cucharadita de sal
1 cucharadita de tomillo seco
½ cucharadita de pimienta negra
¼ de cucharadita de pimienta roja molida
1 paquete (360 g) de camarón, descongelado
Cebollín fresco (opcional)

Caliente el horno a 180 °C. Rocíe un molde de 33×23 cm con aceite en aerosol.

Caliente el aceite en una sartén grande a fuego medio-alto. Agregue el jamón y la salchicha. Fría durante 5 minutos o hasta que la salchicha se haya dorado un poco por ambos lados. Retire de la sartén y coloque en el molde que preparó. Ponga la cebolla, el pimiento, el apio y el ajo en la misma sartén; fría por 3 minutos. Añada a la mezcla de salchicha.

Mezcle los tomates con su líquido, el consomé, el arroz, la salsa inglesa, la sal, el tomillo y las pimientas negra y roja en la misma sartén; ponga a hervir a fuego alto. Reduzca el fuego a bajo y hierva por 3 minutos. Vierta sobre la mezcla de salchicha y revuelva muy bien.

Cubra con papel de aluminio y hornee durante 45 minutos o hasta que el arroz casi esté cocido. Retire del horno y coloque el camarón encima de la mezcla de arroz. Hornee, sin cubrir, por 10 minutos o hasta que el camarón esté rosado y opaco. Adorne con cebollín, si lo desea.   *Rinde 8 porciones*

Bocado

Se cree que "jambon" (jamón) es la palabra francesa en la que se basa el nombre de "jambalaya". El jamón era el ingrediente principal en muchas de las versiones tradicionales de este platillo. Hoy en día, la jambalaya es un símbolo de la cocina criolla.

Jambalaya

Pay de Atún

1 cucharada de margarina o mantequilla
1 cebolla pequeña picada
1 lata (300 ml) de crema condensada de papa, sin diluir
¼ de taza de leche
½ cucharadita de tomillo seco
¼ de cucharadita de sal
⅛ de cucharadita de pimienta negra
2 latas (de 180 g cada una) de atún en agua, escurrido
1 bolsa (450 g) de verduras picadas (como brócoli, ejotes, zanahorias y pimientos rojos) descongeladas
2 cucharadas de perejil fresco picado
1 lata (225 g) de masa para croissants refrigerada

Caliente el horno a 180 °C. Rocíe un molde de 28×18 cm con aceite en aerosol.

Derrita la margarina en una sartén grande a fuego medio. Agregue la cebolla; fríala durante 2 minutos o hasta que esté suave. Agregue la crema, la leche, el tomillo, la sal y la pimienta. Cueza por 3 o 4 minutos o hasta que se espese y burbujee. Añada el atún, las verduras y el perejil. Vierta la mezcla en el molde que preparó.

Desenrolle la masa y divídala en triángulos. Coloque los triángulos sobre el atún, sin sobreponerlos.

Hornee, sin cubrir, por 20 minutos o hasta que los triángulos se doren. Deje reposar por 5 minutos antes de servir. Adorne al gusto.

Rinde 6 porciones

Filetes Rellenos de Cangrejo

1 sobre de sazonador de ajo con hierbas
½ taza de pan molido
1 paquete (180 g) de carne de cangrejo, descongelada y bien escurrida
½ taza de agua
2 cucharaditas de jugo de limón
4 filetes de pescado (unos 450 g)
1 cucharada de margarina o mantequilla, derretida

Caliente el horno a 180 °C.

En un recipiente mediano, mezcle el sazonador, el pan molido, la carne de cangrejo, el agua y el jugo de limón.

Coloque la mezcla de manera uniforme sobre los filetes; enróllelos y asegúrelos con palillos de madera. Acomódelos en un refractario de 2 litros de capacidad, ligeramente engrasado. Barnice el pescado con margarina y hornee durante 25 minutos o hasta que el pescado esté cocido. Retire los palillos antes de servir.

Rinde 4 porciones

Pay de Atún

Conchas Rellenas de Mariscos

1 paquete (450 g) de conchas gigantes de pasta sin cocer
1 lata (220 g) de carne de cangrejo
120 g (1 taza) de queso suizo rallado
1 lata (75 g) de camarón miniatura, escurrido
½ taza de mayonesa
2 cucharadas de apio finamente rebanado
1 cucharada de cebolla picada
1 cucharada de pimiento finamente picado

1. Cueza la pasta según las instrucciones del paquete, hasta que tenga una consistencia suave pero firme; escúrrala. Enjuague con agua fría y escurra de nuevo.

2. Coloque las conchas sobre un plato forrado con toallas de papel para escurrirlas y enfriarlas.

3. Escurra y deseche el líquido de la carne de cangrejo. Póngala en un recipiente grande; desmenúcela con un tenedor. Retire los trocitos de concha o cartílago.

4. Agregue los ingredientes restantes a la carne. Si la mezcla parece muy seca, añada más mayonesa.

5. Con una cuchara grande, rellene las conchas con la mezcla de mariscos.

6. Cubra y refrigere hasta enfriar. Adorne al gusto.

Rinde 8 porciones

Lenguado Almendrado

1 paquete (195 g) de arroz con brócoli
1 calabacita mediana
4 filetes de lenguado
1 cucharada de jugo de limón
¼ de taza de queso parmesano rallado
Sal y pimienta (opcional)
¼ de taza de almendras rebanadas
2 cucharadas de margarina o mantequilla, derretida

1. Prepare el arroz de acuerdo con las instrucciones.

2. Mientras tanto, corte la calabacita en 12 tiras delgadas, a lo largo. Caliente el horno a 180 °C.

3. Coloque el arroz en un refractario de 28×18 cm. Rocíe el pescado con el jugo de limón; espolvoree con 2 cucharadas de queso, sal y pimienta, si lo desea. Acomode las tiras de calabacita sobre el pescado; enróllelo. Ponga el pescado sobre el arroz.

4. Mezcle las almendras y la margarina; distribuya sobre el pescado. Corone con el queso restante. Hornee de 20 a 25 minutos.

Rinde 4 porciones

Guiso de Atún con Pasta

1 cucharada de mantequilla
¾ de taza de cebolla picada
1 lata de crema de champiñones
1 taza de leche
3 tazas de tallarines de huevo cocidos, calientes
2 latas de atún, escurrido y desmenuzado
1¼ tazas de chícharos (guisantes) congelados
1 frasco de pimientos picados, escurridos
1 cucharada de jugo de limón
¼ de cucharadita de sal
¼ de cucharadita de pimienta negra
½ taza de pan molido
½ taza de queso parmesano rallado

Caliente el horno a 225 °C. Derrita la mantequilla en una sartén mediana a fuego medio-alto. Agregue la cebolla; saltee durante 3 minutos. Vierta la crema y la leche. Cueza por 3 minutos; revuelva a menudo. Combine la mezcla de crema, la pasta, el atún, los chícharos, los pimientos, el jugo de limón, la sal y la pimienta en una olla de 2 litros de capacidad. Revuelva el pan molido y el queso parmesano en un recipiente. Espolvoree encima de la mezcla de atún. Hornee durante 15 minutos o hasta que burbujee.

Rinde 4 porciones

Guiso de Camarón

340 g de camarón mediano crudo, pelado y desvenado
⅓ de taza de apio picado
¼ de taza de cebolla picada
¼ de taza de pimiento morrón verde picado
3 cucharadas de margarina
1 lata (300 ml) de crema condensada de apio
½ taza de relleno para pavo
1 huevo cocido, picado
⅓ de taza de castañas de agua rebanadas
1 cucharada de jugo de limón
¼ de cucharadita de sal
¼ de taza (30 g) de queso cheddar rallado

INSTRUCCIONES PARA MICROONDAS

Parta los camarones por la mitad. En un refractario hondo de 1½ litros de capacidad, mezcle los camarones, el apio, la cebolla, el pimiento y la margarina. Cubra; hornee a potencia ALTA por 4 minutos; revuelva después de 2 minutos. Agregue la crema, el relleno, el huevo, las castañas, el jugo y la sal. Cubra; hornee a potencia ALTA durante 4 minutos. Espolvoree el queso; hornee, sin tapar, por 1 minuto a potencia ALTA.   *Rinde 4 porciones*

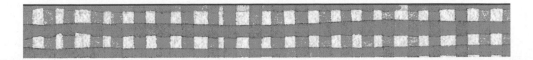

Pasta con Salmón y Eneldo

180 g de pasta ondulada sin cocer
1 cucharada de aceite de oliva
2 tallos de apio rebanados
1 cebolla morada pequeña picada
1 lata (300 ml) de crema condensada de apio
¼ de taza de mayonesa baja en grasa
¼ de taza de vino blanco seco
3 cucharadas de perejil fresco picado
1 cucharadita de eneldo seco
1 lata (220 g) de salmón, escurrido
½ taza de pan molido
1 cucharada de margarina o mantequilla, derretida
   Ramitas de eneldo fresco (opcional)
   Rebanadas de cebolla morada (opcional)

Caliente el horno a 180 °C. Rocíe un refractario de 1 litro de capacidad con aceite en aerosol.

Cueza la pasta al dente según las instrucciones del paquete. Escúrrala.

Mientras tanto, caliente el aceite en una sartén mediana a fuego medio-alto. Agregue el apio y la cebolla. Fríalos por 2 minutos o hasta que estén suaves.

Mezcle la crema, la mayonesa, el vino, el perejil y el eneldo en un recipiente grande. Revuelva bien con la pasta, las verduras y el salmón. Coloque la mezcla de salmón en el refractario que preparó.

Combine el pan molido y la margarina en un recipiente pequeño. Espolvoree de manera uniforme sobre el guisado. Hornee, sin tapar, por 25 minutos. Adorne con ramitas de eneldo y rebanadas de cebolla, si lo desea.

Rinde 4 porciones

Quiché de Mariscos

1 paquete (225 g) de queso crema, suavizado
1 lata (180 g) de carne de cangrejo, escurrida y desmenuzada
4 huevos
½ taza de cebollín rebanado
½ taza de leche
½ cucharadita de eneldo
½ cucharadita de sal sazonada con limón y pimienta
1 base para pay (de 23 cm)

MEZCLE todos los ingredientes, excepto la base para pay, con la batidora eléctrica a velocidad media, hasta que se incorporen.

VIERTA en la base para pay.

HORNEE a 180 °C durante 40 minutos o hasta que, al insertar en el centro un cuchillo, éste salga limpio. Deje reposar por 10 minutos antes de servir.

Rinde de 6 a 8 porciones

Pasta con Salmón y Eneldo

Camarón Supremo

1 paquete (225 g) de tallarines
   de espinaca, cocidos y
   escurridos
1 paquete (90 g) de queso
   crema, en cubos y
   suavizado
675 g de camarón mediano,
   pelado y desvenado
½ taza de mantequilla,
   suavizada
   Sal
   Pimienta negra
1 lata (300 ml) de crema
   condensada de
   champiñones
1 taza de crema agria
½ taza de crema y leche a
   partes iguales
½ taza de mayonesa
1 cucharada de cebollín
   finamente picado
1 cucharada de perejil fresco
   picado
½ cucharadita de mostaza Dijon
¾ de taza (180 g) de queso
   cheddar rallado

Caliente el horno a 160 °C. Mezcle
la pasta con el queso crema en un
recipiente mediano. Distribuya la
mezcla en un refractario de
33×23 cm, engrasado. Fría el
camarón en mantequilla en una
sartén grande a fuego medio-alto
hasta que tenga un color rosado y
una consistencia tierna, por unos
5 minutos. Sazone al gusto con sal
y pimienta. Colóquelo sobre la
pasta.

Mezcle la crema, la crema agria, la
crema con leche, la mayonesa, el
cebollín, el perejil y la mostaza en
otro recipiente mediano. Distribuya
sobre el camarón. Corone con el
queso cheddar. Hornee durante
25 minutos o hasta que esté
caliente y el queso se haya
derretido. Adorne, si lo desea.
Rinde 6 porciones

Pescado a la Paolo

1 frasco (450 ml) de salsa
   picante
1 paquete (285 g) de espinaca
   picada, descongelada y
   bien escurrida (o su verdura
   de sabor suave favorita)
2 cucharadas de alcaparras
1 cucharada de jugo de limón
450 g de pescado fresco y firme,
   en 4 trozos
1 cucharada de mantequilla,
   en trocitos
1 tomate rojo grande
   finamente rebanado
½ taza de cilantro fresco picado

Caliente el horno a 200 °C. Mezcle
la salsa con las espinacas, las
alcaparras y el jugo de limón.
Coloque en un molde de
28×18 cm. Acomode encima el
pescado. Corone con la
mantequilla y las rebanadas de
tomate.

Hornee por 25 minutos. Retire del
horno y corone con cilantro
picado.   *Rinde 4 porciones*

Camarón Supremo

Paella

¼ **de taza de aceite de oliva**
450 g **de pechugas de pollo, deshuesadas y sin piel, en tiras de 2.5 cm**
225 g **de salchicha italiana, en rebanadas de 2.5 cm**
1 **cebolla picada**
3 **dientes de ajo picados**
840 ml **de consomé de pollo**
2 **tazas de arroz blanco de grano largo sin cocer**
1 **botella (225 ml) de jugo de almeja**
1 **frasco (60 g) de pimientos picados, escurridos**
2 **hojas de laurel**
1 **cucharadita de sal**
¼ **de cucharadita de hebras de azafrán desmoronadas (opcional)**
450 g **de camarón crudo, pelado y desvenado**
1 **lata (450 g) de tomates rojos enteros, escurridos**
1 **paquete (285 g) de chícharos (guisantes), descongelados**
12 **almejas pequeñas, bien lavadas**
¼ **de taza de agua**
    Ramitas de hierbas frescas (opcional)

Caliente el horno a 180 °C. En una sartén grande, caliente el aceite de oliva a fuego medio. Agregue el pollo; fría de 8 a 10 minutos o hasta que se dore por ambos lados. Retire con una cuchara ranurada. Incorpore la salchicha; fría de 8 a 10 minutos o hasta que dore. Retire con una cuchara ranurada. Añada la cebolla y el ajo. Fría de 5 a 7 minutos o hasta que la cebolla esté suave. Transfiera el pollo, la salchicha, la cebolla y la mezcla de ajo a una cacerola grande.

Agregue el consomé, el arroz, el jugo de almeja, el pimiento, las hojas de laurel, la sal y el azafrán, si lo desea, a la mezcla de pollo. Tape y hornee por 30 minutos. Añada el camarón, los tomates y los chícharos; mezcle bien. Tape y hornee durante 15 minutos más o hasta que el arroz esté suave, el líquido sea absorbido y el camarón tenga un color opaco. Retire las hojas de laurel.

Mientras tanto, combine las almejas y el agua en una sartén grande. Tape y cueza a fuego medio de 5 a 10 minutos o hasta que las almejas se abran. Retire de inmediato las almejas abiertas; deseche las que no se abran. Colóquelas encima de la paella. Adorne con hierbas, si lo desea.

Rinde de 4 a 6 porciones

Bocado

Asegúrese de comprar almejas bien cerradas. Si alguna de ellas está un poco abierta, golpéela ligeramente. Las almejas vivas se cerrarán de inmediato. Deseche las que no se cierren.

Paella

Guisos sin Carne

Ziti a los Tres Quesos

1 recipiente (435 g) de queso ricotta descremado

2 huevos, batidos

¼ de taza de queso parmesano rallado

1 caja (450 g) de pasta ziti (macarrón), cocida y escurrida

1 frasco (840 g) de salsa para espagueti

1 taza de queso mozzarella rallado (unos 120 g)

Caliente el horno a 180 °C. En un recipiente grande, mezcle el queso ricotta, los huevos y el queso parmesano.

En otro recipiente, revuelva bien la pasta y la salsa para espagueti.

En un molde de 33×23 cm, coloque ½ de la mezcla de pasta. Distribuya encima la mezcla de queso ricotta y luego la pasta restante. Espolvoree el queso mozzarella. Hornee durante 30 minutos o hasta que esté bien caliente. Sirva, si lo desea, con más salsa para espagueti caliente.

Rinde 8 porciones

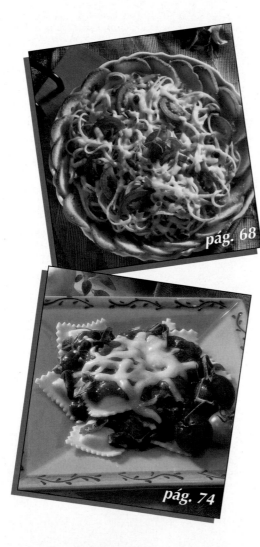

pág. 68

pág. 74

Ziti a los Tres Quesos

Cannelloni con Salsa de Tomate-Berenjena

**Salsa de Tomate-Berenjena
(receta más adelante)**
**1 paquete (285 g) de espinaca
fresca**
**1 taza de queso ricotta sin
grasa**
4 claras de huevo, batidas
**¼ de taza (30 g) de queso
parmesano rallado**
**2 cucharadas de perejil fresco
finamente picado**
½ cucharadita de sal (opcional)
**8 manicottis (unos 120 g)
cocidos y fríos**
**1 taza (120 g) de queso
mozzarella bajo en grasa
rallado**

1. Caliente el horno a 180 °C.
Prepare la Salsa de Tomate-
Berenjena.

2. Lave la espinaca; no la seque.
Colóquela en una olla; cuézala a
fuego medio-alto de 3 a 5 minutos
o hasta que se suavice. Déjela
enfriar ligeramente y escúrrala.
Píquela finamente.

3. Mezcle el queso ricotta, la
espinaca, las claras, el queso
parmesano, el perejil y la sal, si
así lo desea, en un recipiente
grande. Rellene los manicottis con
la mezcla; acomódelos en un
molde de 33×23 cm. Sirva la
Salsa de Tomate-Berenjena sobre
los manicottis; espolvoree con
queso mozzarella.

4. Hornee, sin tapar, de 25 a
30 minutos o hasta que burbujee.
Adorne al gusto.

*Rinde 4 porciones
(de 2 manicottis cada una)*

Salsa de Tomate-Berenjena

Aceite de oliva en aerosol
**1 berenjena pequeña, poco
picada**
½ taza de cebolla picada
2 dientes de ajo picados
½ cucharadita de estragón seco
**¼ de cucharadita de tomillo
seco**
**1 lata (450 g) de tomates rojos
enteros sin sal, picados y
sin escurrir**
Sal
Pimienta negra

1. Rocíe una sartén grande con
aceite en aerosol y caliéntela.
Agregue la berenjena, la cebolla,
el ajo, el estragón y el tomillo. Fría
durante 5 minutos o hasta que las
verduras estén suaves.

2. Añada los tomates con su
líquido; ponga a hervir. Reduzca
el fuego y hierva, sin tapar, de 3 a
4 minutos. Sazone al gusto con sal
y pimienta.

Rinde unas 2½ tazas

Cannelloni con Salsa de Tomate-Berenjena

Strata Mediterránea

900 g de calabacita o calabaza
   amarilla, en rebanadas de
   0.5 cm
1 taza de queso ricotta
3 huevos
1½ tazas de leche, crema espesa
   o media crema
1 taza de albahaca fresca
   picada (2 manojos)
2 cucharadas de harina de trigo
1 cucharada de ajo picado
1 taza de queso mozzarella
   rallado
1 taza de cebolla para freír

1. Caliente el horno a 180 °C.
Coloque la calabacita y
2 cucharadas de agua en un
recipiente para microondas de
2 litros de capacidad. Cubra con
plástico, ventilado. Caliente a
potencia ALTA durante 3 minutos
o hasta que se suavice. Escúrrala
bien.

2. Bata el queso ricotta, los
huevos, la leche, la albahaca, la
harina, el ajo y *½ cucharadita de
sal* en un recipiente grande. Ponga
sobre la calabacita. Espolvoree
con el queso. Hornee, sin tapar,
durante 50 minutos o hasta que se
forme una costra.

3. Corone con el queso
mozzarella y las cebollas. Hornee
durante 5 minutos o hasta que las
cebollas se doren. Adorne con
pimientos rojos picados, si lo
desea.   *Rinde 6 porciones*

Consejo: Puede sustituir el queso
ricotta por 225 g de queso feta
desmoronado. Omita la sal.

Tiempo de Preparación: 15 minutos
Tiempo de Cocción: más o menos
1 hora

Bocado

*El queso ricotta es un
tipo de queso fresco
con grumos, aunque
menos que el cottage.
Debido a que caduca con
rapidez, asegúrese de
comprarlo fresco.*

Strata Mediterránea

Tarta de Linguine con Queso

½ **taza de mantequilla**
2 **dientes de ajo picados**
30 **rebanadas delgadas de pan francés**
3 **cucharadas de harina**
1 **cucharadita de sal**
¼ **de cucharadita de pimienta blanca**
　 Pizca de nuez moscada
2½ **tazas de leche**
¼ **de taza de queso parmesano rallado**
2 **huevos batidos**
2 **tazas (225 g) de queso suizo rallado**
225 **g de linguine fresco, cocido y escurrido**
⅓ **de taza de cebollín rebanado**
2 **cucharadas de albahaca fresca picada** *o*
　 2 cucharaditas de albahaca seca
2 **tomates rojos grandes**

Derrita ¼ de taza de mantequilla. Agregue el ajo; fríalo durante 1 minuto. Barnice un molde para pay con la mezcla de mantequilla. Con el pan, cubra el fondo y los lados del molde. Barnice el pan con la mezcla de mantequilla restante. Hornee a 180 °C por 5 minutos o hasta que se dore ligeramente.

Derrita la mantequilla restante en una sartén a fuego bajo. Mezcle la harina y los sazonadores. De manera gradual, vierta la leche; cueza, revolviendo constantemente, hasta que espese. Retire del fuego; añada el queso parmesano. Agregue un poco de salsa a los huevos; revuelva. Incorpore la salsa restante.

Mezcle 1¼ tazas de queso suizo con el linguine, el cebollín y la albahaca. Vierta la salsa sobre la mezcla de linguine y revuelva. Ponga en la base. Corte cada tomate a lo largo en ocho rebanadas; colóquelas sobre la tarta. Espolvoree el queso suizo restante. Hornee a 180 °C durante 25 minutos o hasta que esté caliente. Deje reposar por 5 minutos.　　*Rinde 8 porciones*

Bocado

La pasta no debe estar completamente cocida cuando se mezcla con otros ingredientes. Seguirá cociéndose una vez que esté en el horno.

Tarta de Linguine con Queso

Berenjena Parmesana

1 berenjena grande, en
    rebanadas de 0.5 cm
2 huevos, batidos
½ taza de pan molido
1 lata (420 g) de tomates estilo
    italiano
1 lata (435 g) de salsa de
    tomate
2 dientes de ajo picados
½ cucharadita de albahaca seca
180 g de queso mozzarella, en
    rebanadas

1. Sumerja las rebanadas de
berenjena en el huevo y luego
empanícelas. Acomódelas en una
charola para hornear en una capa.
Ase a 10 cm de la fuente de calor
hasta que se doren y se suavicen,
durante unos 5 minutos por lado.

2. *Reduzca la temperatura del
horno a 180 °C.* Coloque la
berenjena en un molde de
33×23 cm.

3. Mezcle los tomates, la salsa de
tomate, el ajo y la albahaca. Vierta
sobre la berenjena y corone con el
queso.

4. Cubra y hornee a 180 °C
durante 30 minutos o hasta que
esté caliente. Espolvoree con
queso parmesano, si lo desea.
Rinde 4 porciones

Tiempo de Preparación: 15 minutos
Tiempo de Cocción: 30 minutos

Guisado de Chile

1½ tazas (180 g) de queso tipo
    mexicano, rallado
1 lata (360 ml) de leche
    evaporada descremada
¾ de taza (180 g) de sustituto
    de huevo líquido *o*
3 huevos, batidos
6 tortillas de maíz (de 18 cm),
    en trozos de 5 cm
2 latas (de 120 g cada una) de
    chiles verdes picados
½ taza de salsa picante
¼ de cucharadita de sal
    (opcional)
2 cucharadas de cilantro fresco
    picado
  Crema agria light (opcional)

1. Cubra un molde para pay de
25 cm, o uno cuadrado de 20 cm,
con aceite en aerosol. En un
recipiente mediano, mezcle 1 taza
de queso, la leche, el sustituto de
huevo, las tortillas, los chiles, la
salsa y la sal, si lo desea. Revuelva
bien y vierta en el molde.

2. Hornee a 190 °C de 30 a
32 minutos o hasta que esté
cocido. Retire del horno;
espolvoree el queso restante y el
cilantro. Regrese al horno; hornee
durante 1 minuto o hasta que el
queso se haya derretido. Sirva con
crema agria, si lo desea.
Rinde 4 porciones

Clásicas Conchas Rellenas

1 frasco (de 780 a 840 g) de salsa para espagueti
900 g de queso ricotta semidescremado
2 tazas de queso mozzarella semidescremado rallado (unos 225 g)
¼ de taza de queso parmesano rallado
3 huevos
1 cucharada de perejil fresco finamente picado
⅛ de cucharadita de pimienta negra molida
1 caja (360 g) de conchas de pasta gigantes, cocidas y escurridas

Caliente el horno a 180 °C. En un molde de 33×23 cm, distribuya la salsa de manera uniforme.

En un recipiente grande, mezcle los quesos, los huevos, el perejil y la pimienta. Rellene las conchas con la mezcla de queso; acomódelas en el molde. Distribuya encima el resto de la salsa. Hornee durante 45 minutos o hasta que la salsa burbujee.

Rinde 8 porciones

Consejo para la Receta: Para un cambio de forma, sustituya las conchas por cannelloni o tubos de manicotti gigantes. Con una cucharita o una duya, rellene los tubos de uno a otro extremo; no los rellene de más.

Cannellini a la Parmesana

2 cucharadas de aceite de oliva
1 taza de cebolla picada
2 cucharaditas de ajo picado
1 cucharadita de orégano seco
¼ de cucharadita de pimienta negra
2 latas (de 420 g cada una) de tomates con ajo y cebolla, sin escurrir
1 frasco (400 g) de pimientos rojos asados, escurridos y en cubos de 1.5 cm
2 latas (de 540 g cada una) de alubias, escurridas y enjuagadas
1 cucharadita de albahaca seca *o* 1 cucharada de albahaca fresca picada
¾ de taza (90 g) de queso parmesano rallado

1. Caliente el aceite en una olla a fuego medio. Agregue la cebolla, el ajo, el orégano y la pimienta. Fría durante 5 minutos o hasta que la cebolla esté suave.

2. Incremente el fuego a alto. Añada los tomates con su jugo y los pimientos. Tape y ponga a hervir.

3. Reduzca el fuego a medio. Agregue los frijoles; tape y deje hervir por 5 minutos; revuelva ocasionalmente. Incorpore la albahaca y espolvoree con el queso.

Rinde 6 porciones

Tiempo de Preparación y Cocción: 20 minutos

Crepas de Berenjena con Salsa de Tomate

Salsa de Tomate (receta más adelante)
2 berenjenas (de unos 20 a 23 cm de largo), en 18 rebanadas (de 0.5 cm)
Aceite de oliva en aerosol
1 paquete (285 g) de espinaca picada, descongelada y exprimida
1 taza de queso ricotta
½ taza de queso parmesano rallado
1¼ tazas (150 g) de queso Gruyère* rallado
Hojas de orégano fresco para adornar

*El queso Gruyère es un queso suizo que ha sido añejado de 10 a 12 meses. Puede sustituirlo con cualquier queso suizo.

1. Caliente el horno a 220 °C. Prepare la Salsa de Tomate.

2. Acomode la berenjena en una capa, sobre charolas para hornear antiadherentes. Rocíe ambos lados de la berenjena con aceite en aerosol. Hornéela por 10 minutos. Voltéela y hornéela de 5 a 10 minutos más o hasta que se suavice. Deje enfriar. *Reduzca la temperatura del horno a 180 °C.*

3. Mezcle la espinaca, el queso ricotta y el parmesano. Rocíe un molde de 30×20 cm con aceite en aerosol. Distribuya la mezcla de espinaca sobre la berenjena. Enrolle las rebanadas de berenjena, empezando por los lados más cortos. Coloque los rollos en el molde, con la abertura hacia abajo.

4. Cubra el molde con papel de aluminio. Hornee durante 25 minutos. Destape. Espolvoree los rollos con el queso Gruyère. Hornee, sin tapar, durante 5 minutos más o hasta que el queso se derrita.

5. Sirva con la Salsa de Tomate. Adorne, si lo desea.

Rinde de 4 a 6 porciones

Salsa de Tomate

20 tomates rojos grandes (más o menos 1.200 kg), en mitades y sin semillas
3 cucharadas de aceite de oliva
½ cucharadita de sal
⅓ de taza de albahaca fresca picada
½ cucharadita de pimienta negra

Mezcle los tomates con 1 cucharada de aceite y la sal. Colóquelos sobre una charola para hornear antiadherente. Hornee de 20 a 25 minutos o hasta que la piel se haya ampollado. Deje enfriar. Licue los tomates con el aceite restante, la albahaca y la pimienta, hasta obtener una consistencia uniforme.

Rinde más o menos 1 taza

Crepas de Berenjena con Salsa de Tomate

Ravioles con Salsa Casera

- **3 dientes de ajo pelados**
- **½ taza de albahaca fresca**
- **3 tazas de tomates rojos pelados, sin semillas y en cuartos**
- **2 cucharadas de pasta de tomate**
- **2 cucharadas de aderezo italiano para ensalada, sin grasa**
- **1 cucharada de vinagre balsámico**
- **¼ de cucharadita de pimienta negra**
- **1 paquete (250 g) de ravioles de queso bajos en grasa, refrigerados**
- **2 tazas de espinaca picada**
- **1 taza (120 g) de queso mozzarella descremado rallado**

INSTRUCCIONES PARA MICROONDAS

1. Para preparar la salsa de tomate, pique un poco el ajo en el procesador de alimentos. Agregue la albahaca y procese. Añada los tomates, la pasta de tomate, el aderezo, el vinagre y la pimienta; procese pulsando el botón de encendido/apagado hasta que los tomates estén poco picados.

2. Rocíe un recipiente cuadrado para microondas de 23 cm con aceite en aerosol. Extienda 1 taza de la salsa de tomate en el recipiente. Acomode la mitad de los ravioles y la espinaca sobre la salsa. Repita las capas con 1 taza de salsa de tomate y los ravioles y la espinaca restantes. Corone con la salsa restante.

3. Cubra con plástico; refrigere de 1 a 8 horas. Haga ventilaciones en el plástico. Hornee en el microondas a potencia MEDIA (50%) por 20 minutos o hasta que la pasta esté caliente y suave. Espolvoree con el queso. Hornee a potencia ALTA por 3 minutos o hasta que el queso se derrita. Deje reposar, tapado, durante 5 minutos antes de servir. Adorne, si lo desea. *Rinde 6 porciones*

Bocado

El vinagre balsámico es un vinagre italiano añejado de sabor suave. Su color café oscuro lo obtiene de las barricas en que se añeja. Búsquelo en la sección de productos importados del supermercado o en tiendas especializadas.

Ravioles con Salsa Casera

Berenjena y Calabaza al Horno

- ½ **taza de cebolla picada**
- 1 **diente de ajo picado**
  Aceite de oliva en aerosol
- 1 **taza de queso ricotta**
  semidescremado
- 1 **frasco (120 g) de pimientos**
  picados, escurridos
- ¼ **de taza de queso parmesano**
  rallado
- 2 **cucharadas de leche**
- 1½ **cucharaditas de mejorana seca**
- ¾ **de cucharadita de estragón**
  seco
- ¼ **de cucharadita de sal**
- ¼ **de cucharadita de nuez**
  moscada molida
- ¼ **de cucharadita de pimienta**
  negra
- 1 **taza de salsa para espagueti**
  sin carne ni azúcar
- 225 **g de berenjena, pelada y en**
  rebanadas delgadas
- 180 **g de calabacitas, en mitades**
  y rebanadas a lo largo
- 180 **g de calabaza amarilla, en**
  mitades y rebanada a lo
  largo
- 2 **cucharadas de queso**
  mozzarella
  semidescremado, rallado

1. Combine la cebolla y el ajo en un recipiente para microondas. Rocíe un molde mediano para microondas con aceite en aerosol. Hornee a potencia ALTA durante 1 minuto.

2. Agregue el queso ricotta, el pimiento, el queso parmesano, la leche, la mejorana, el estragón, la sal, la nuez moscada y la pimienta.

3. Rocíe un recipiente redondo para microondas, de 20 o 23 cm, con aceite en aerosol. Extienda ⅓ de taza de salsa para espagueti en el fondo. En capas, coloque la mitad de la berenjena, de las calabacitas y de la calabaza amarilla. Sirva encima la mezcla de queso ricotta. Repita las capas con la berenjena, las calabacitas y la calabaza amarilla restantes. Corone con la salsa para espagueti restante.

4. Cubra con plástico y haga ventilaciones. Hornee a potencia ALTA de 17 a 19 minutos o hasta que las verduras estén suaves; gire el recipiente cada 6 minutos. Agregue el queso mozzarella. Deje reposar por 10 minutos antes de servir.   *Rinde 4 porciones*

Bocado

La berenjena presenta varias formas, colores y tamaños. Busque una berenjena firme que se sienta pesada para su tamaño, con un color intenso y uniforme. El tallo debe ser verde brillante. La piel opaca y manchas café son indicios de una berenjena vieja.

Berenjena y Calabaza al Horno

Para Acompañar

Brócoli y Cheddar 1-2-3

1 frasco (450 g) de salsa para pasta con cheddar

2 cajas (de 285 g cada una) de floretes de brócoli, descongelados

¼ de taza de pan molido estilo italiano o normal

1 cucharada de margarina o mantequilla, derretida

1. Caliente el horno a 180 °C. En un refractario de 1½ litros de capacidad, mezcle la salsa y el brócoli.

2. De manera uniforme, distribuya el pan molido revuelto con la margarina.

3. Hornee, sin tapar, durante 20 minutos o hasta que el pan se haya dorado y el brócoli esté cocido.   *Rinde 6 porciones*

Consejo: Sustituya el brócoli por su verdura favorita.

Tiempo de Preparación: 5 minutos
Tiempo de Cocción: 20 minutos

pág. 80

pág. 88

Brócoli y Cheddar 1-2-3

Guisado de Pimiento Asado y Tomate

1 frasco (360 g) de pimientos rojos asados, escurridos

1½ cucharaditas de vinagre de vino tinto

1 cucharadita de aceite de oliva

1 diente de ajo picado

¼ de cucharadita de sal

¼ de cucharadita de pimienta negra

⅓ de taza de queso parmesano rallado

3 tomates rojos medianos (unos 675 g), rebanados

½ taza (más o menos 30 g) de croutones a las hierbas finas, machacados

1. Mezcle los pimientos, el vinagre, el aceite, el ajo, la sal y la pimienta en el procesador de alimentos. Pulse el botón de encendido/apagado durante 1 minuto o hasta que todo esté poco picado. Reserve 2 cucharadas de queso para adornar. Agregue el resto del queso a la mezcla de pimiento.

2. Acomode las rebanadas de tomate en un molde redondo de 20 cm para microondas. Hornee a potencia ALTA durante 1 minuto. Sirva la mezcla de pimiento sobre el tomate; hornee a potencia ALTA de 2 a 3 minutos o hasta que los tomates estén ligeramente suaves.

3. Espolvoree encima el queso que reservó y los croutones. Adorne, si lo desea.   *Rinde 6 porciones*

Camote Crujiente

1 lata (1.200 kg) de camote (batata), escurrido

1 paquete (225 g) de queso crema suavizado

¾ de taza de azúcar morena

¼ de cucharadita de canela molida

1 taza de manzanas picadas

⅔ de taza de arándanos rojos picados

½ taza de harina

½ taza de avena tradicional o instantánea, sin cocer

⅓ de taza de mantequilla o margarina

¼ de taza de nuez picada

MEZCLE el camote, el queso crema, ¼ de taza de azúcar y la canela, con la batidora eléctrica a velocidad media, hasta que se incorporen. Sirva a cucharadas en un refractario de 1½ litros de capacidad o de 25×15 cm. Agregue las manzanas y los arándanos.

REVUELVA la harina, la avena y el azúcar restante en un recipiente mediano; corte la mantequilla con dos cuchillos hasta obtener grumos gruesos. Integre la nuez. Espolvoree sobre la fruta.

HORNEE a 180 °C de 35 a 40 minutos o hasta que todo esté bien caliente.

Rinde 8 porciones

Preparación: 20 minutos
Horneado: 40 minutos

Guisado de Pimiento Asado y Tomate

Papas al Gratín

4 a 6 papas (patatas) sin pelar
(unos 900 g)
2 tazas (225 g) de queso
cheddar rallado
1 lata (120 g) de queso suizo
rallado
2 cucharadas de mantequilla o
margarina
3 cucharadas de harina de trigo
2½ tazas de leche
2 cucharadas de mostaza Dijon
¼ de cucharadita de sal
¼ de cucharadita de pimienta
negra

1. Caliente el horno a 200 °C.
Engrase un molde de 33×23 cm.

2. Corte las papas en rebanadas
delgadas. Coloque las papas en
capas en el molde. Corone con los
quesos.

3. Derrita la mantequilla en una
sartén mediana a fuego medio.
Agregue la harina y cueza por
1 minuto. Incorpore la leche, la
mostaza, la sal y la pimienta; deje
hervir. Reduzca el fuego y cueza,
revolviendo constantemente, hasta
que la mezcla se espese. Vierta la
leche sobre el queso.

4. Cubra el molde con papel de
aluminio. Hornee durante
30 minutos. Retire el papel y
hornee de 15 a 30 minutos más o
hasta que las papas estén suaves y
la parte superior se haya dorado.
Retire del horno y deje reposar por
10 minutos antes de servir. Adorne,
si lo desea.

Rinde de 6 a 8 porciones

Calabazas al Horno

1 cucharada de aceite de oliva
3 calabacitas pequeñas
(450 g), en rebanadas finas
1 paquete (360 g) de
champiñones, lavados y en
rebanadas finas
1 frasco (400 ml) de salsa
marinara
1⅓ tazas de cebollas para freír
½ taza de queso ricotta
⅓ de taza de queso parmesano
rallado
¼ de taza de leche
1 huevo

Caliente el horno a 190 °C.
Engrase un refractario ovalado de
2 litros de capacidad. Caliente el
aceite en una sartén antiadherente
grande. Agregue las calabacitas y
los champiñones. Fría por unos
3 minutos o hasta que estén suaves
y crujientes. Agregue la salsa
marinara y ⅔ *de taza* de cebollas.
Vierta en el refractario que preparó.

Mezcle los quesos, la leche y el
huevo en un recipiente mediano
hasta que se incorporen. Añada
esta mezcla sobre la de verduras.

Hornee, sin cubrir, por 30 minutos
o hasta que la capa de queso esté
lista. Espolvoree las cebollas
restantes. Hornee durante
3 minutos o hasta que las cebollas
estén doradas.
Rinde de 4 a 6 porciones

Tiempo de Preparación: 15 minutos
Tiempo de Cocción: 36 minutos

Papas al Gratín

Guisado de Ejotes con Cebolla

1 lata (300 ml) de crema condensada de champiñones
¾ de taza de leche
⅛ de cucharadita de pimienta
2 bolsas (de 250 g cada una) de ejotes (judías verdes) en trozos, descongelados*
1⅓ tazas de cebollas para freír

*Sustituya los ejotes congelados por 2 latas (de 420 g) de ejotes en trozos, escurridos.

1. Caliente el horno a 180 °C. Mezcle muy bien la crema, la leche y la pimienta en un refractario de 1½ litros de capacidad. Agregue los ejotes y *⅔ de taza* de cebollas.

2. Hornee, sin tapar, por 30 minutos o hasta que esté caliente; revuelva. Distribuya las cebollas restantes. Hornee durante 5 minutos o hasta que las cebollas se hayan dorado.

Rinde 6 porciones

Instrucciones para Microondas: Prepare la mezcla de ejotes según las instrucciones. Coloque en un recipiente para microondas de 1½ litros de capacidad. Cubra con un plástico con ventilación. Caliente a potencia ALTA de 8 a 10 minutos o hasta que esté bien caliente; revuelva a la mitad del tiempo. Destape. Agregue las cebollas restantes. Caliente por 1 minuto o hasta que las cebollas se doren. Deje reposar por 5 minutos.

Sustitución: Puede sustituir los ejotes de lata o congelados por 4 tazas de ejotes cocidos y partidos.

Tiempo de Preparación: 5 minutos
Tiempo de Cocción: 35 minutos

Pasta con Queso Alfredo

225 g de coditos de pasta, cocidos y escurridos
1 frasco (450 g) de salsa Alfredo con queso para pasta
¾ de taza de consomé de pollo
¼ de taza de pan molido
2 cucharadas de queso parmesano rallado (opcional)

1. Caliente el horno a 180 °C. En un recipiente grande, mezcle la pasta, la salsa Alfredo y el consomé. Sazone, si lo desea, con sal y pimienta.

2. En un molde para hornear de 1 litro de capacidad, sirva la pasta; espolvoree con el pan molido y el queso. Hornee, sin tapar, durante 25 minutos o hasta que esté bien caliente.

Rinde 4 porciones

Tiempo de Preparación: 10 minutos
Tiempo de Cocción: 25 minutos

Guiso Otoñal

¼ **de taza de consomé de pollo, sin grasa y poca sal, o agua**
2 **tazas de champiñones rebanados**
2 **tazas de espinaca fresca picada, lavada y sin tallos**
1 **taza de pimiento morrón rojo picado**
1 **diente de ajo picado**
1 **taza de calabaza espagueti cocida**
¼ **de cucharadita de sal**
¼ **de cucharadita de pimienta negra**
⅛ **de cucharadita de sazonador italiano**
¼ **de taza de queso parmesano rallado**

1. Caliente el horno a 180 °C. Rocíe un refractario de 1 litro de capacidad con aceite en aerosol.

2. Caliente el consomé en una olla mediana. Agregue los champiñones, la espinaca, el pimiento y el ajo. Cueza por 10 minutos o hasta que las verduras estén suaves; revuelva constantemente. Añada la calabacita. Sazone con la sal, la pimienta y el sazonador italiano.

3. Sirva en el molde que preparó. Espolvoree con el queso. Hornee de 5 a 10 minutos o hasta que el queso se haya derretido.
Rinde 6 porciones (de ½ taza)

Nota: Para obtener 1 taza de calabaza espagueti cocida, coloque ½ calabaza en un recipiente para microondas y agregue ¼ de taza de agua. Hornee a potencia ALTA de

8 a 10 minutos o hasta que se sienta suave al pincharla con un tenedor. Deseche las semillas y los hilos de la calabaza.

Pilaf al Limón

1 **cebolla picada**
¼ **de taza de margarina**
2 **tazas de arroz de grano largo, sin cocer**
820 **ml de consomé de pollo**
2 **cucharadas de jugo de limón**
2 **cucharaditas de ralladura de cáscara de limón**
1 **hoja de laurel**
   Sal y pimienta negra recién molida, al gusto
2 **cucharadas de perejil fresco picado** *o* 2 **cucharaditas de perejil seco**
2 **cucharadas de piñones, tostados**

1. Fría la cebolla con 3 cucharadas de margarina en una sartén grande a fuego medio-alto durante 3 minutos. Agregue el arroz; revuelva para cubrirlo bien.

2. Añada el consomé, el jugo de limón, la ralladura, la hoja de laurel, la sal y la pimienta al gusto. Ponga a hervir; reduzca el fuego a bajo. Tape y hierva de 15 a 20 minutos o hasta que el líquido se absorba. Retire del fuego y deje reposar por 5 minutos.

3. Mezcle la mantequilla restante, el perejil y los piñones con el arroz. Sirva de inmediato.
Rinde de 4 a 6 porciones

Arroz con Champiñones

½ **taza de arroz salvaje sin cocer**
Pan francés del día anterior
   (unos 120 g)
½ **taza de mantequilla o**
   margarina
1 **cebolla grande picada**
1 **diente de ajo picado**
3 **tazas de champiñones**
   frescos rebanados*
½ **cucharadita de salvia frotada**
½ **cucharadita de tomillo seco**
   machacado
½ **cucharadita de sal**
¼ **de cucharadita de pimienta**
   negra
1 **taza de consomé de pollo**
½ **taza de nueces poco picadas**
   Ramitas de tomillo para
   adornar

*O sustituya por 1½ tazas de hongos shiitake frescos.

Enjuague y cueza el arroz según las instrucciones del paquete.

Corte suficiente pan en cubos de 1.5 cm hasta obtener 4 tazas. Colóquelo en una capa en una charola para hornear. Ase a 13 o 15 cm de distancia de la fuente de calor durante 4 minutos o hasta que se haya tostado ligeramente; voltéelo después de 2 minutos.

Derrita la mantequilla en una sartén grande a fuego medio. Agregue la cebolla y el ajo; fría durante 3 minutos. Añada los champiñones; fría por 3 minutos, revolviendo ocasionalmente.

Incorpore la salvia, el tomillo, la sal y la pimienta. Agregue el arroz cocido; cueza durante 2 minutos, revolviendo de vez en cuando. Vierta el consomé. Ponga las nueces y el pan tostado; revuelva un poco.

Transfiera en un molde de 1½ litros de capacidad.** Caliente el horno a 160 °C. Cubra el molde con una tapa o papel de aluminio. Hornee por 40 minutos o hasta que esté bien caliente. Adorne con ramitas de tomillo, si lo desea.

Rinde de 6 a 8 porciones

**En este punto, la mezcla de arroz con champiñones se puede cubrir y refrigerar hasta por 8 horas antes de hornearse. Hornee durante 50 minutos o hasta que se caliente por completo.

Papas Hash Brown

1 **paquete (30 g) de mezcla**
   para aderezo estilo Ranch
1¼ **tazas de leche**
90 **g de queso crema**
6 **tazas de papas (patatas)**
   ralladas, congeladas
1 **cucharada de tocino (beicon)**
   en trocitos
½ **taza de queso cheddar rallado**

En la licuadora, mezcle el aderezo, la leche y el queso crema. Vierta sobre las papas y el tocino en un molde para hornear de 23 cm. Corone con el queso. Hornee a 180 °C por 35 minutos

Rinde 4 porciones

Arroz con Champiñones

Arroz y Manzana

1 paquete (180 g) de arroz
    salvaje y de grano largo
1 taza (120 g) de queso
    cheddar rallado
1 taza de manzanas Golden
    Delicious picadas
1 taza de champiñones
    rebanados
½ taza de apio finamente
    rebanado

Prepare la mezcla de arroz según las instrucciones del paquete. Caliente el horno a 180 °C. Agregue ½ taza de queso, la manzana, los champiñones y el apio; revuelva. Sirva la mezcla en un refractario de 1 litro de capacidad. Hornee por 15 minutos. Corone con el queso restante; hornee hasta que el queso se haya derretido, durante unos 10 minutos.
Rinde 4 porciones

INSTRUCCIONES PARA MICROONDAS
Mezcle el arroz cocido, ½ taza de queso, la manzana, los champiñones y el apio según las instrucciones. Sirva la mezcla en un recipiente de 1 litro de capacidad para microondas. Hornee a potencia ALTA de 3 a 4 minutos o hasta que todo esté bien caliente. Corone con el queso restante; hornee a potencia ALTA por 1 minuto o hasta que el queso se haya derretido.

Relleno Crujiente de Cebolla

1 paquete (225 g) de relleno
    para pavo a las hierbas
1⅓ tazas de cebollas para freír
½ taza de apio finamente picado
½ taza de zanahoria finamente
    picada
420 ml de consomé de pollo, con
    poca sal
1 huevo, batido

Mezcle el relleno, *⅔ de taza* de cebollas y las verduras en un refractario de 2 litros de capacidad para microondas. Revuelva el consomé y el huevo en un recipiente pequeño; vierta sobre el relleno. Revuelva para bañar. Cubra y hornee a potencia ALTA por 10 minutos* o hasta que las verduras estén suaves; revuelva a la mitad del tiempo de cocción. Agregue las cebollas restantes. Hornee durante 1 minuto o hasta que las cebollas se hayan dorado.
Rinde 6 porciones

*U hornee, sin cubrir, en el horno convencional, a 180 °C, de 40 a 45 minutos.

Consejo: Para obtener un relleno más húmedo, agregue ½ taza de agua al consomé de pollo. Puede añadir ½ taza de salchicha o 2 cucharadas de tocino (beicon) frito desmoronado, si lo desea.

Tiempo de Preparación: 10 minutos
Tiempo de Cocción: 11 minutos

Arroz y Manzana

Verduras a la Parmesana

30 g de sazonador de ajo con hierbas
¼ de taza de queso parmesano rallado
1 papa (patata) grande, en rebanadas de 0.5 cm
1 calabacita mediana, en rebanadas diagonales de 0.5 cm
1 tomate rojo, en rebanadas de 0.5 cm
1 cucharada de margarina o mantequilla, en trozos pequeños

1. Caliente el horno a 190 °C. En un recipiente pequeño, mezcle el sazonador y el queso parmesano.

2. En un refractario poco profundo de 1 litro de capacidad, rociado con aceite en aerosol, acomode las rebanadas de papa, sobreponiéndolas ligeramente. Espolvoree con ⅓ de la mezcla de sazonador. Coloque encima las rebanadas de calabacita, también sobrepuestas. Espolvoree con ⅓ de la mezcla de sazonador. Corone con las rebanadas de tomate; sobrepóngalas. Espolvoree el resto de la mezcla de sazonador. Ponga encima la margarina.

3. Cubra y hornee durante 40 minutos. Destape y hornee por 10 minutos más o hasta que las verduras estén suaves.

Rinde 4 porciones

Pudín de Maíz

1 lata (360 g) de carne horneada con especias, en cubos
⅓ de taza de pimiento morrón verde picado
¼ de taza de cebolla picada
2 cucharadas de mantequilla o margarina
6 huevos
2 tazas de leche
1 cucharada de harina de trigo
2 cucharaditas de azúcar
1 cucharadita de sal
⅛ de cucharadita de pimienta negra
2 paquetes (de 285 g) de granos de maíz (elote) descongelados y escurridos

Caliente el horno a 150 °C. En una sartén grande, saltee la carne, el pimiento y la cebolla en la mantequilla hasta que estén suaves. En un recipiente grande, bata los huevos. Agregue la leche, la harina, el azúcar, la sal y la pimienta. Añada la mezcla de carne y el maíz. Vierta en un molde de 30×20 cm. Hornee durante 1 hora 10 minutos o hasta que esté listo.

Rinde 8 porciones

Verduras a la Parmesana

Índice

Notas